Charles de Mazade

De l'américanisme et des républiques du sud

Essai

ISBN : 978-1543009040

10   9   8   7   6   5   4   3   2   1

Charles de Mazade

De l'américanisme et des républiques du sud

Essai

Table de Matières

De l'américanisme et des républiques du sud

Lorsque le lien qui rattachait à l'Espagne les pays du sud de l'Amérique commença de se rompre, il y a près d'un demi-siècle, le renversement de la dynastie qui régnait à Madrid fut moins la cause sérieuse et profonde que le prétexte de cette autre révolution qui allait éclater aux bords de l'Orénoque et de la Plata. Comment l'Amérique se serait-elle passionnée pour le protectorat lointain qu'elle ne connaissait que par des vice-rois fastueux et inactifs, enorgueillis par la conscience d'un pouvoir sans bornes et amollis par toutes les séductions du climat ? Ce fût pour elle une occasion de s'armer, de s'organiser en vue d'une nationalité future. La fidélité à Ferdinand VII contre le gouvernement intrus de Madrid était un masque sous lequel se cachaient les velléités naissantes d'indépendance, de même que l'impôt du thé fut le prétexte du soulèvement des colonies anglaises. Deux grands peuples dans le monde ont eu ainsi ce rare privilège, en se répandant dans des contrées inexplorées, d'y donner naissance à des races nouvelles faites à leur image, héritières de leurs traditions, de leur langage ; de leurs coutumes, et qui, à un instant donné, aspirent à une existence libre et indépendante. L'Amérique du Nord et l'Amérique du Sud sont les filles émancipées de l'Angleterre et de l'Espagne. A chaque pas, dans les législations, dans les mœurs de ces sociétés qui tendent à se transformer, on distingue quelque trait de la mère-patrie ; mais là est l'unique point de ressemblance à part cette communauté d'origine européenne, tout diffère bientôt, tout est contraste, surtout dans les résultats de leur affranchissement. Le génie libre, patient et actif de l'émigration puritaine, luttant d'un côté contre la vie sauvage, de l'autre contre la tutelle oppressive de la métropole, a mis à la place d'une colonie un état nouveau, et florissant au pied des monts Alléganys, sur les rives du Mississipi et de l'Ohio. Le génie expirant du moyen-âge espagnol, en prenant possession de l'Amérique méridionale, n'a rien créé sur cette terre faite pour toutes les créations ; il a tari la source de ses richesses matérielles en ne l'alimentant pas par le travail ; il a empêché la vie morale de naître en l'entourant de restrictions, en fomentant l'ignorance et la paresse. Sa longue domination n'a servi qu'à déposer au cœur de la société américaine et à nourrir les germes de cette anarchie que la

Charles de Mazade

révolution a fait éclater, avec violence et où elle semble se consu-
mer elle-même. N'y a-t-il pas comme une intime révélation de la
différence de ces destinées dans la vie et dans la mort même des
deux hommes qui ont le mieux personnifié ces contrées nouvelles,
Washington et Bolivar ?

Le caractère de Washington est empreint d'une glorieuse unité ; tous ses actes respirent le calme, la force et cette fermeté qui
naît pour l'homme d'une conviction réfléchie, moins encore d'une
conviction personnelle que d'une foi entière à la cause qu'il soutient. Héros de la raison puritaine, son génie consiste à démêler
avec sagacité les instincts, les intérêts de sa patrie naissante, et a
les servir comme ils veulent être servis, sans illusions, avec une
habileté froide, calculée, qui, ne hasarde rien, qui ne veut pas aven-
turer le sort d'une liberté laborieusement préparée, et s'applique à
détruire d'avance la possibilité des réactions. Ce n'est pas que ces
qualités positives, chez Washington, excluent un idéal supérieur ;
mais cet idéal est lui-même en harmonie avec les traditions nationales : c'est une mâle et pratique vertu, celle qui entraîne a sa suite
le moins de déceptions et qui est le moins sujette aux défaillances.
Cette vertu ne sert de voile à aucune vue secrète d'ambition ; c'est e
qui fait que l'obscurité ne pèse point à Washington, lorsque l'indépendance a triomphé. Il n'y a que sa mort qui puisse être comparée
à sa vie La fin paisible du libérateur dans sa douce et noble retraite
de Mount-Vernon est une leçon de plus. Si quelque lassitude avait
gagné cette âme généreuse, ainsi que le dit M. Guizot dans son bel
essai, était sans doute au souvenir de ces injustices passagères qui
viennent assaillir l'homme public le plus pur ; mais ses derniers
jours n'étaient troublés d'aucune inquiétude sur la légitimité et la
grandeur de l'œuvre à laquelle il avait participé. D'où lui seraient
venus les regrets ou les craintes ? Washington pouvait dire un
adieu tranquille à la vie et s'endormir au sein des succès de l'Union.
Il n'en est pas de même du *libérateur* du sud. Il y a dans Bolivar une
confusion inexprimable de penchants contradictoires ; les instincts
élevés de la civilisation se mêlent en lui aux tendances peu scru-
puleuses, d'une nature formée au spectacle de la servitude. C'est
le héros d'un peuple enfant et enthousiaste qui se lève pour être
libre, mais qui ne sait pas quel usage il fera de sa conquête ; c'est le
fils d'une société en travail, jetée soudainement dans une carrière

nouvelle et orageuse. Bolivar cherche vainement un appui sur cette base motivante ; livré à lui-même, il va d'une tentative à l'autre avec plus d'activité et d'énergie que de tact politique, guidé par imagination plutôt que par le sentiment clair et exact des besoins de son pays. Et quinze ans après avoir paru à Caracas et s'être mis à la tête de l'insurrection, le jour où il croit avoir posé les fondements d'un empire destiné à s'étendre dans toute l'Amérique méridionale, l'illusion s'évanouit ; une guerre civile vient souffler sur ses rêves de Napoléon du Nouveau-Monde. La fin même de Bolivar est vulgairement triste et peu digne de sa haute ambition, comme s'il était aussi difficile de bien mourir que de bien vivre : c'est la fin d'un proscrit déçu. Contraint d'abdiquer la dictature de la Colombie, il se réfugie à Carthagène, mal résigné au malheur, hésitant encore s'il ne tentera pas de relever par les armes sa fortune chancelante, s'il ne jouera pas sa vie pour ce leurre brillant d'une couronne. Ce fut le poison peut-être qui mit un terme à ses hésitations. — La vie de Bolivar se fût-elle prolongée d'ailleurs, le caractère général des événements qui se sont déroulés en Amérique serait resté le même ; l'anarchie eût suivi son cours, parce qu'elle ne tient pas à l'absence d'un homme, d'un chef de génie capable de la maîtriser, mais à l'absence encore trop réelle de tout élément de stabilité dans cette vaste portion du nouveau continent.

Si l'Union américaine a pris un essor politique si irrésistible, tandis que les républiques du sud tournent incessamment dans un cercle d'agitations stériles, de révolutions sans grandeur et sans but, il faut en chercher les causes dans la différence de ces génies qui ont gouverné et façonné les deux pays, dans ce passé qui a fait la force de l'un, qui pèse sur l'autre et perpétue sa faiblesse. Le rapport secret adressé par Ulloa à Ferdinand VI peint tristement la dégradation où étaient tombées les colonies espagnoles, la corruption du clergé à qui il n'était resté qu'un fanatisme ignorant, l'iniquité de la justice régulière, la cupidité déprédatrice des fonctionnaires envoyés par la métropole, et cette sorte d'enfance sauvage des races indigènes que ne pouvaient manquer de produire de pareils procédés de gouvernement. Malgré ces précédents désastreux, l'Amérique méridionale offre, il est vrai, de 1810 à 1825, depuis le premier moment où la révolution éclate à ses deux extrémités jusqu'à cette dernière bataille d'Ayacucho qui fut la sanglante

Charles de Mazade

et irrévocable défaite des armes espagnoles, un spectacle plein d'une nouveauté saisissante et d'une grandeur imprévue. Partout s'éveille avec une fière énergie le désir d'une existence nationale ; les vice-royautés, vieilles, formes de la conquête, disparaissent une à une à chaque nouvel effort de l'insurrection. De son double foyer de Buenos-Ayres et de Caracas, l'esprit d'indépendance gagne insensiblement les provinces intérieures et le littoral de l'Océan Pacifique, formant un faisceau d'états libres, la Colombie, le Pérou, le Paraguay, le Chili, la République Argentine, la République de l'Uruguay, dont la vie concentrée à Montevideo est aujourd'hui si vivement disputée, la Bolivie, fille du *libérateur*, dernière création due à cette grande révolte. A ceux-ci il faut joindre les provinces de l'Amérique centrale, le Mexique, Guatimala, dont l'origine est identique et qui suivent la même voie. Si quelque chose peut prouver la nécessité fatale de cette séparation, c'est cette aveugle persistance d'un système implacable qui se révèle dans quelques paroles du général espagnol Morillo. « La pacification doit s'accomplir par les mêmes moyens que la première conquête, disait-il ; *je n'ai pas laissé vivant dans le royaume de la Nouvelle-Grenade un seul personnage d'influence ou de talent pour diriger la révolution.* » Et cependant l'Amérique était déjà à moitié libre. Tel est le caractère de l'émancipation dans sa première période : c'est l'œuvre d'un commun enthousiasme. Ces républiques improvisées se soutiennent mutuellement ; elles combinent leurs plans, réunissent leurs forces, se prêtent leurs généraux. C'est un homme éminent de Buenos-Ayres, le digne San-Martin, qui est à la tête des révolutions du Chili et du Pérou ; Bolivar multiplie son action et paraît sur tous les points. Il est toujours facile de s'entendre sur ce mot d'*indépendance*, mot vague que les bonnes et les mauvaises passions interprètent à leur profit, qui peut avoir tour à tour la plus haute et la plus pure valeur, ou ne signifier que le mépris de toute autorité ; il est aisé de réunir tous les cœurs dans ce sentiment énergique pour les pousser au combat. La facilité devient plus grande encore lorsque ce sentiment est excité par l'exemple de mouvements semblables dans d'autres pays. Toutes ces conditions existaient pour l'Amérique du Sud ; par des motifs différents, les classes supérieures et la masse barbare aspiraient également à l'indépendance, et cette société inquiète avait devant elle l'exemple des révolutions de l'Europe et de l'Amérique du Nord.

Mais là se manifeste clairement l'infirmité morale de ces populations neuves encore à la vie publique, et qui, en secouant matériellement le joug de l'Espagne, n'avaient pu secouer aussi subitement l'influence séculaire de ses habitudes. Ce mal sérieux et invétéré n'échappait pas aux témoins et aux acteurs les plus illustres de l'insurrection. Iturbide, cet empereur oublié qui mourut sur une esplanade, après avoir vu tomber de son front la frêle couronne qu'il s'était faite à Igualada, disait au Mexique : « Il n'y a qu'un visionnaire fanatique qui pense que l'on puisse sortir brusquement d'un état de dégradation et d'esclavage… Il n'y a qu'un homme aveuglé par la passion. Qui ose soutenir qu'il soit possible, d'acquérir en un instant des lumières et des vertus. » San-Martin, dont la glorieuse virilité, mise au service de l'indépendance américaine, est venue de bonne heure se reposer dans la retraite, près de Paris, pensait de même qu'avant d'établir des innovations, il fallait détruire insensiblement les préjugés et l'erreur, et creuser ensuite, dans un sol devenu vierge, des fondements solides. Les idées européennes dominantes déjà, et qui, après avoir forcé ces côtés gardées par la sévérité jalouse des vice-rois pendant le XVIIIe siècle, se traduisent en constitutions, en lois civiles, promettent sans doute un lointain remède. Le principe de cette pacifique intervention étrangère ouvre pour l'Amérique un horizon nouveau, est fécond surtout pour l'avenir. Il est pourtant impossible de méconnaître qu'à cette époque il y a de superficiel dans ce mouvement, ce qu'il y a de trompeur dans cette apparence. Ces institutions républicaines, chimères d'une érudition classique, caressées par les esprits éclairés, ces consulats, ces présidences ou ces dictatures que chaque jour voit naître, ne créent point par leur propre vertu l'union, la solidarité politique, encore absentes. Ce qui subsiste toujours en réalité, c'est le fonds espagnol, c'est cette nature pervertie par deux siècles de fausse administration, rebelle au progrès civil, et rendue défiante de tout ce qui peut ressembler à une loi. Pour le plus grand nombre, l'indépendance, c'est l'affranchissement de toute soumission légale Ce qui manque, ce sont les éléments d'une véritable organisation politique. La base principale elle-même fait défaut. Quel lien social et encore moins politique pourrait se former dans une population rare, disséminée dans des solitudes immenses, nourrie

Charles de Mazade

d'un vague amour pour l'isolement et lente à se reproduire ? Le développement intellectuel surtout visible dans les villes, n'atteint pas les campagnes qui restent sous l'empire de leurs superstitions grossières, de leurs brutales passions : de là un antagonisme sourd qui finira par éclater avec une vivacité furieuse. Le travail est aussi un gage d'amélioration morale et matérielle pour un pays ; il fait naître les rapports et les consolide. C'est un des plus énergiques instruments de sociabilité, mais le travail répugne à ces races indolentes, accoutumées à vivre de peu et inhabiles à demander à la terre autre chose que ce qu'elle veut produire. Il en est de même des instincts commerciaux, assez peu excités pour dédaigner les plus puissants moyens de communication, ces grands fleuves qui sillonnent l'Amérique et se réunissent pour porter à la mer le tribut superbe de leurs eaux ; dans ces rivières que la barque n'effleure pas, l'habitant des campagnes voit même parfois un obstacle à ses mouvements. Lorsqu'il s'en approche, il s'arrête un instant, se déshabille, puis s'élance à la nage sur son cheval, se dirigeant vers quelque île prochaine où il se repose, et, de halte en halte, il gagne l'autre rive. Si ces voies ; qui ailleurs propagent la richesse, sont dédaignées, comment l'industrie de l'homme serait-elle tentée d'en créer de factices ? Ce sont ces difficultés inhérentes à la nature américaine qu'il n'est pas donné aux nouveaux législateurs du sud de résoudre par le mécanisme savant d'une charte écrite ; ce sont ces éléments épars, indisciplinés, que le triomphe de l'indépendance vient mettre en jeu. Aussi cette seconde phase de l'émancipation est-elle le signal d'une vaste et confuse dissolution plutôt que d'un essor régulier et nettement déterminé. Comme aucun sentiment dominant et vivace ne remplit les âmes et ne les dirige vers un même but, comme l'intérêt commun n'est qu'un vain mot mal interprété ou mal compris, l'accord maintenu par les nécessités de la guerre entre les diverses parties de l'Amérique du Sud se rompt insensiblement C'est d'ailleurs un des traits distinctifs de l'ancien système colonisateur de l'Espagne d'avoir semé à chaque pas les haines, les jalousies, les divisions. Ces jeunes états se retirent en eux-mêmes et se fractionnent ; issus du même sang, ayant les mêmes besoins, parlant la même langue, ils sont animés les uns à l'égard des autres, d'un dédain violent ; ils se mesurent du regard avec un orgueil hautain, cherchant à s'imposer des lois, se battant pour des frontières incertaines et inoccupées. Cette faible et illusoire unité que Bolivar avait un moment imposée à quelques provinces, en les rassemblant sous le nom de Colombie, n'est plus rien elle-même et se dissout ; ce sont trois républiques au lieu d'une seule : la Nouvelle-Grenade, Venezuela et l'Equateur. Les mêmes discordes se reproduisent au sein de chaque état, causées par la rivalité de races, de castes, par l'esprit de vengeance personnelle, toujours puissant là où la loi n'existe pas. Il n'est donc pas de changement qui n'en prépare un autre ; il ne cesse d'y avoir dans cette société tourmentée, un ferment de révolution que peut faire mûrir à son profit le dictateur de la veille, le militaire ambitieux, l'employé mécontent ; les *pronunciamientos* américains se font souvent pour moins que cela, — par caprice, par lassitude de ce qui est. Le motif reste le secret de ces passions inassouvies qui s'obstinent à faire de l'Amérique le théâtre grandiose de scènes vulgaires. N'est-ce point là l'histoire récente du Nouveau-Monde depuis le Mexique jusqu'aux régions reculées de la République Argentine ?

Il est utile d'observer attentivement cette longue, anarchie comme le passé de l'Amérique, pour connaître le sens des événements contemporains, pour saisir l'obscure origine d'une pensée qui tend aujourd'hui à prévaloir, et qui n'est rien moins que civilisatrice ; elle menace d'envahir toutes les contrées du sud, et de devenir le fonds de leur politique : c'est l'*américanisme*, mot barbare comme la chose elle-même ! trompeuse satisfaction donnée aux besoins de nationalité que ressentent ces pays nouveaux ! illusion d'un patriotisme étroit, inintelligent et brutal ! Les instincts sauvages et les préjugés exclusifs de la vieille nature espagnole se confondent pour former ce type national dont le trait saillant est une antipathie déclarée, contre les autres peuples ; plus le nombre des émigrants européens s'est accru, plus ce sentiment d'aversion, s'est développé. L'*américanisme* a prouvé son existence par des décrets proscripteurs contre les personnes, par des prohibitions commerciales, par des tentatives renaissantes pour empêcher le mélange des races. Le docteur Francia n'obéissait pas à une autre impulsion, lorsqu'après la guerre de l'indépendance il séquestrait le Paraguay du reste du monde sous peine de mort. Ces tendances se sont montrées plus publiquement dans une occasion récente. Le congrès de Nicaragua a solennellement discuté, l'an passé, une loi d'exclusion.

Charles de Mazade

« Aucun étranger, disait le projet, ne pourra se marier, dans l'état de Nicaragua avec une femme du pays, ni acquérir d'immeubles, de terres, ni de mines, ni en détail, sans qu'il déclare préalablement que son intention est *de se naturaliser en produisant l'assentiment de son souverain*. — Si quelque femme du pays se marie avec un étranger qui n'est pas naturalisé, les deux époux auront à évacuer immédiatement le territoire, et les autorités ecclésiastiques qui auront consacré ces mariages souffriront la peine déterminée par la loi. — Les contrats d'acquisition d'immeubles seront nuls et de nulle valeur, et les magistrats qui les auront reçus perdront la jouissance de leurs droits civils pour dix ans, et paieront une amende de 500 à 2,000 piastres. — Les valeurs trouvées dans des magasins de détail appartenant à des étrangers seront saisies au profit du trésor public… » Il a fallu que le pouvoir exécutif s'arrêtât devant les conséquences d'une pareille résolution, et la renvoyât au congrès comme impolitique. Les débats des assemblées sont d'ailleurs en harmonie avec les penchants mal déguisés des populations. « Le commerçant, dit l'auteur des *Questions américaines*, voudrait éviter la concurrence de l'homme plus expérimenté que lui, plus capable d'arriver rapidement à la fortune, et, au fond du cœur, il demande qu'on interdise le commerce aux étrangers, sous prétexte qu'ils enlèvent l'argent du pays ; l'ouvrier voudrait qu'on ne leur permît pas l'industrie, de peur d'avoir à lutter avec des rivaux redoutables. Le prêtre se renferme dans une intolérance anti-chrétienne, pour ne point assister au spectacle d'une différence de cultes qui le condamnent à s'instruire, afin d'éclairer ses fidèles. » Dans les campagnes, c'est une haine entière, instinctive, féroce. L'idée d'un congrès général, discutée avec une si vive chaleur, il y a quelques années, au-delà de l'Atlantique, et fortement appuyée par le général Rosas, procède de la même origine que le triste projet débattu à Nicaragua, et n'avait pas d'autre but que de fournir à l'*américanisme* un plus vaste théâtre, de le constituer en puissance publique. Il est cependant des états qui résistent encore à cet entraînement ; le Chili a refusé de s'associer au nouveau droit des gens, qui tendait à fermer à l'Europe l'entrée des fleuves américains, et la paix règne depuis quinze ans au Chili. Son calme développement sous la sage administration du général Ruines est le résultat d'une politique plus douce. Venezuela se distingue par sa tolérance, par la facilité

de ses lois, par des habitudes de gouvernement moins exclusives
Parmi les autres états, la République Argentine est, sans, aucun
doute, celui où s'agite avec le plus d'énergie ce problème décisif d'où
dépendent les destinées américaines, où se produisent avec le plus
de variété et de spontanéité dramatique tous les phénomènes particuliers à un tel mouvement.

Ce fait simple et profond, mis à nu, ne ramène-t-il pas directe-
ment à la source des démêlés que l'Europe a trop souvent à vider
avec l'Amérique du Sud ? Il relève la portée de ces différends qui,
au point de vue d'une politique peu généreuse, semblent d'abord
factices, paraissent le fruit d'une alliance imprudente avec les passions aventureuses de nos nationaux que conduit vers ces parages
l'espoir d'une prompte fortune ou le mystérieux attrait de l'inconnu. On n'exprime qu'une vérité superficielle, lorsqu'on accuse les
exigences des émigrants européens, et notamment la témérité
naturelle au caractère français, sa facilité à prendre couleur dans
les discordes intérieures des autres pays, comme cela se voit aujourd'hui sur les bords de la Plata. Il faudrait se demander avant
tout si ce n'est pas la force des choses qui provoque et développe
ce penchant, qui pousse fatalement les étrangers à se ranger dans
un parti. Les émigrations, — même les émigrations françaises, —
vivent paisibles et neutres là où elles trouvent des garanties pro-
tectrices dans les lois, dans la stabilité des gouvernements, dans
une politique équitable et tolérante ; mais là où cette sécurité leur
manque, là où elles rencontrent à chaque pas la menace, l'hostilité,
où la défiance à leur égard est près d'être érigée en principe de droit
public, elles s'agitent pour se défendre. Doit-on s'étonner qu'elles ne
restent pas froides entre les partis ? Ce n'est pas une préférence ino-
pportune pour une forme politique qui explique leur action et dirige le choix qu'elles font d'un drapeau ; elles s'allient naturellement
aux hommes dont les tendances leur promettent pour l'avenir, la
sécurité. Là est le secret des difficultés qui ont surgi, en Amérique,
et, qui ne sont pas encore résolues. Tout le reste est secondaire et
ne vient qu'à l'appui de cette explication. M. Sarmiento a raison de
dire que les mots manquent dans le dictionnaire usuel de la politique européenne pour caractériser une situation d'où naissent ces
sanglants conflits, qu'on s'expose à imiter les Espagnols qui, à leur
débarquement dans ces régions nouvelles, épuisaient leurs connais-

Charles de Mazade

sances assez succinctes pour désigner tout ce qu'ils voyaient ; ils donnaient le nom du lion à un misérable chat sauvage, le nom du tigre au jaguar des forêts. Je crains que nous n'agissions de même sous un autre rapport que nous ne soyons dupes d'une illusion en adoptant ces termes qualificatifs d'*unitaires*, de *fédéralistes*, que les partis se renvoient comme une injure, et qui n'expriment aucune réalité vivante ; désignations arbitraires, qui ne font que déguiser la lutte plus profonde et plus générale engagée entre la barbarie nationale américaine et la civilisation. Cette barbarie est tenace et puissante, parce qu'elle date de loin ; elle a ses traditions et ses mœurs en harmonie avec le climat ; elle a ses héros, — hommes de destruction, — tels que Facundo Quiroga ; ses politiques adroits, tels que Manuel Rosas. Là où elle ne peut user de la force, elle emploie l'astuce, et sait rendre nos blocus impuissants, nos expéditions incertaines ; elle joue la diplomatie après l'avoir attirée vers ses rivages comme pour se mieux faire reconnaître par les pouvoirs européens ; on sait combien de consuls, de chargés d'affaires, de ministres ont dû pacifier la Plata. Lorsqu'elle se sent atteinte, elle a recours à cette comédie évasive des négociations, et à peine le plénipotentiaire chargé de la paix a-t-il cinglé de nouveau vers l'Europe, que la résistance reprend son cours, opiniâtre et implacable. Lutte étrange dont le résultat définitif n'est pas douteux pour nous cependant ! Tel est l'un des épisodes les plus singuliers et les plus tragiques assurément de l'histoire contemporaine ; il se lie à ce mouvement général de transformation qui s'accomplit sur bien des points, que l'Angleterre poursuit dans l'Inde, après l'avoir réalisé dans l'Amérique du Nord, que le génie de la France a porté en Afrique. Ce sont les mêmes symptômes, les mêmes efforts de la civilisation conquérante et les mêmes répugnances du monde envahi. Seulement cette fusion doit être moins violente et moins tardive dans l'Amérique méridionale, parce qu'il y a en elle le germe vivant du progrès moral, auquel il ne faut qu'une autre culture. Le christianisme n'a point à se substituer dans ces contrées à la religion de Brahma comme aux bords du Gange, ou à la religion mahométane comme au pied de l'Atlas. Il n'a qu'à s'épurer pour que, dans une voie différente, le sud du Nouveau-Monde suive l'exemple du nord.

L'observation des voyageurs, le talent d'éminents écrivains, ont fait connaître les États-Unis. Les uns et les autres ont fait plus que décrire les institutions politiques, mesure souvent inexacte de l'état d'un pays ; ils ont pénétré dans les mœurs, dans ces mille détails de la vie privée dont le secret fait comprendre les phénomènes de la vie publique. Il n'y aurait pas moins d'intérêt à soumettre l'Amérique du Sud à la même analyse, à décrire la nature empreinte de signes particuliers, et ses coutumes bizarres, et ses passions meurtrières. Ce serait tout à la fois une œuvre de philosophe et de voyageur, de poète et d'historien, de peintre de mœurs et de publiciste. M. Sarmiento a tenté de réaliser dans un petit livre publié à Santiago du Chili, qui prouve que, si la civilisation a des ennemis dans ces régions, elle peut rencontrer aussi d'éloquents organes. C'est pour lui le récit de faits domestiques. Or, tandis que la politique européenne effleure ces questions sans les résoudre, se fatigue à signer des traités illusoires, et s'arrête à l'embouchure des fleuves, d'où elle ne peut apercevoir les causes réelles des difficultés qu'elle rencontre, n'est-il pas curieux d'entendre le témoignage d'un Américain sur les crises de son pays, de chercher dans une œuvre venue de trois mille lieues ce que le Nouveau-Monde pense de lui-même ?

L'auteur de *Civilisation et Barbarie* est un de ces exilés argentins marquants par l'intelligence que la dictature de Rosas a successivement éloignés de Buenos-Ayres depuis dix ans. Ces proscrits forment comme une sorte de colonie dont le principal groupe réside à Montevideo ; chassés de l'une des rives de la Plata, ils sont allés camper sur l'autre. On a représenté Montevideo comme un petit Coblentz ; Coblentz, si l'on veut ! mais c'est l'intelligence qui a été forcée de déserter Buenos-Ayres, et qui se plaint sur le rivage opposé. M. Sarmiento, jeune encore, pour sa part, s'est d'abord réfugié au Chili, où il a trouvé la faveur du gouvernement. C'est lui qui fut chargé, au moment de la dernière élection du général Ruines, de développer les principes de la nouvelle administration. Il a exposé des idées élevées et utiles dans plusieurs journaux de Valparaiso ou de Santiago, dans *le Mercure, le National*, et plus récemment dans *le Progrès*, où a paru une remarquable suite d'études sous le titre de *Questions américaines*. Il a eu aussi des devoirs plus pratiques à remplir. Le gouvernement chilien l'avait associé à ses premiers efforts pour fonder l'éducation nationale, en le mettant à la tête d'une école normale. C'est durant son séjour à Santiago,

Charles de Mazade

qui a précédé un voyage en Europe, que M. Sarmiento a écrit et publié cet ouvrage, neuf et plein d'attrait, instructif comme l'histoire, intéressant comme un roman, brillant d'images et de couleur. *Civilisation et Barbarie* n'est pas seulement, en effet, un des rares témoignages qui nous arrivent de la vie intellectuelle dans l'Amérique méridionale, c'est encore un document précieux ; c'est le tableau animé des révolutions de la République Argentine qui sont comme le résumé de toutes les luttes américaines. Le cadre choisi par M. Sarmiento est heureux d'ailleurs : il a peint *l'aspect physique*, le sol dans sa pittoresque austérité avant d'y placer les hommes ; il a décrit d'abord le théâtre avant de suivre le drame terrible qui s'y déroule, avant de retracer surtout l'existence orageuse de ce héros du meurtre, du pillage, de toutes les passions : sauvages, de ce gaucho qui a préparé la venue d'un autre gaucho plus favorisé, de Facundo Quiroga, dont Rosas est le successeur légitime. Sans doute la passion a dicté plus d'une de ces pages vigoureuses ; mais il y a dans le talent, même exalté par la passion, je ne sais quel fonds d'impartialité dont il ne peut se défaire, et à l'aide duquel il laisse aux personnages leur vrai caractère, aux choses leurs exactes couleurs.

Rien n'est plus curieux que la peinture de cette vie argentine dont le foyer inconstant est partout, — partout ailleurs que dans les villes où l'influence européenne a trouvé plus de ressources pour s'établir. Rien n'est frappant comme cette nature, et ces mœurs dont M. Sarmiento s'est fait l'historien. Il suffit d'en saisir les traits principaux pour connaître les causes de l'immobilité morale du pays. Le mal qui tourmente la République Argentine, ainsi que le dit l'auteur de *Civilisation et Barbarie*, c'est son extension même ; le désert l'entoure de toutes parts. La solitude, l'absence de toute habitation humaine, sont les limites incontestables de chaque province. L'immensité est partout ; l'horizon incertain et baigné de vapeurs ne laisse pas même voir le point où la terre finit, où le ciel commence. Au nord, ce sont des forêts d'une incalculable étendue qui avoisinent le Chaco. En descendant vers le centre, ces forêts, moins épaisses, se changent en fourrés de buissons maigres et noueux, jusqu'à ce qu'elles aillent se perdre vers le sud dans l'aride pampa, dans une plaine nue, infinie, sans limites et sans accidents. Les villes semées dans ce vaste espace qui sépare le Haut-Pérou de la Patagonie, Buenos-Ayres, Santa-Fé, Corrientes, qui bordent le Parana et la Plata, Mendoza, San-Juan, la Rioja, Catamarca, Tucuman, Salta, qui longent les andes chiliennes, Santiago del Estero, San-Luis et Cordova au centre, ont eu longtemps une vie à part, et ne donnent pas une idée de la physionomie des campagnes ; elles n'ont fait que souffrir des irruptions de l'esprit de la pampa. Malgré certaines ondulations de terrain qui finissent par former quelques *sierras* comme celles de Cordova ou de San-Luis, le signe général et distinctif des champs argentins, c'est une unité monotone et ininterrompue. « Cette prolongation de plaines, dit M. Sarmiento, imprime à la vie de l'intérieur une teinte asiatique qui ne laisse pas que d'être prononcée. Souvent, en voyant sortir la lune tranquille et resplendissante d'entre les herbes de la terre je l'ai saluée machinalement de ces paroles de Volney dans sa description des *ruines* : la pleine lune à l'orient s'élevait sur un fond bleuâtre aux planes rives de l'Euphrate ; Et, en effet, il y a dans les solitudes argentines quelque chose qui rappelle à la mémoire la solitude de l'Asie ; l'esprit trouve quelque analogie entre la pampa et les plaines du Tigre et de l'Euphrate. Il y a quelque parenté entre la troupe solitaire de charrettes qui traverse nos déserts pour arriver, après quelques mois de marche, à Buenos-Ayres et la caravane de chameaux qui se dirige vers Smyrne ou vers Bagdad. »

C'est dans ces campagnes que s'agite au hasard une population nomade une race indomptée, produit des races diverses qui se sont mêlées en Amérique, — Espagnols et indigènes, — et atteinte d'une remarquable inaptitude pour toute occupation utile. La vie pastorale apparaît comme un phénomène naturel. Dans ces conditions, il n'y a point à tourmenter la terre par le travail ; à soumettre le cours des fleuves aux exigences d'une industrie et d'un commerce absents ; le peu que rapporte le sol suffit à vivre, avec la chair de quelque bœuf pris au *lazo*, et encore cette existence pastorale apparaît avec des circonstances particulières. Il n'y a point de véritable association dans les champs argentins ; il n'y a rien qui ressemble à la tribu arabe. Ce que préfère le gaucho, c'est l'indépendance individuelle dans son sens le plus absolu ; le plus illimité, indépendance, qui est bien capable momentanément de soumission, mais qui ne tarde pas à se relever dans sa fougue indisciplinée. Maître du désert, il se plaît dans son vaste et stérile

Charles de Mazade

domaine ; il semble jaloux qu'on ravisse cette arène à sa liberté ; il y passe sa vie et le parcourt sans le peupler réellement, sans y former d'établissement qui repose sur une communauté d'intérêts. De là vient la faiblesse de la civilisation contre ces peuplades errantes et dispersées. Serait-ce par l'éducation qu'elle pourrait les réformer en leur communiquant les notions sociales ? Mais où serait l'utilité d'une école ouverte à des enfants disséminés à dix lieues à la ronde ? Il en est de même de la religion dans la pratique. Le clocher n'a pas la puissance qu'il conserve dans nos pays ; il ne domine pas son petit monde, ne ramène pas chaque jour une population fidèle qui trouve dans le culte un lien de plus. Là, le pasteur est sans troupeau, l'église est déserte. Quelques gauchos peut-être s'y arrêtent par hasard, au passage, souvent sans descendre de cheval. La chaire n'a pas d'auditoire, et le prêtre lui-même, corrompu par l'inaction, fuit ce seuil abandonné. Il va chercher le mouvement, et finit par employer sa supériorité morale à créer quelque parti et à s'en faire le chef. Ce qui reste de religion dans les campagnes *pastorales*, c'est une vague tradition chrétienne, reçue de l'Espagne, mêlée de superstitions grossières, qui n'entraîne point de culte, et qui a l'apparence de la religion naturelle Le peu de pratique qui subsiste n'est pas sans bizarrerie. S'il passe dans ces solitudes quelque commerçant des villes, c'est à lui qu'on demande le baptême pour les enfants. Il n'est pas rare même de voir des jeunes gens se présenter à l'onction en domptant quelque cheval fougueux ; cette dernière circonstance n'est pas assurément à leurs yeux moins importante que le baptême.

Telles sont en réalité les conditions de l'existence du gaucho Il n'a rien qui le moralise ; il vit au hasard, au jour le jour. Les travaux agricoles ou industriels, qui supposent un certain développement social, lui sont inconnus. L'essentiel pour lui, c'est de s'accommoder à la nature sauvage qui l'entoure Le gaucho excelle dans tous les exercices physiques qui exigent la force et l'adresse. Jeune encore, il s'habitue à poursuivre les taureaux, à lutter contre eux, et à s'en emparer en les enchaînant dans des *lacs* armés de *boules*. Le maniement du cheval est surtout son occupation favorite. C'est le premier travail de l'enfant lorsqu'il sait marcher Le gaucho fait du cheval un instrument docile, il le dompte et l'assouplit à toutes ses volontés, à tous ses caprices, il finit par ne plus faire qu'un avec lui.

A peine levé, le matin, sa première pensée est pour son cheval, il s'élance sur son dos et lui fait franchir d'immenses espaces. Il s'en sert pour accomplir des actes d'une audace prodigieuse, se jetant à dessein à travers les haies, les précipices se laissant aller à terre et se relevant aussitôt sans interrompre sa course rapide. C'est ce qui faisait dire au général Mancilla pendant le blocus de Buenos-Ayres : « Eh que nous veulent ces Européens, qui ne savent pas seulement galoper toute une nuit ? » Ce développement des facultés physiques, cette habitude constante du danger, font naître chez le gaucho un suprême et compatissant dédain pour l'homme sédentaire des cités, qui, comme le dit l'auteur, peut avoir lu beaucoup de livres, mais qui ne sait pas terrasser un taureau sauvage et lui donner la mort ; qui ne saura se pourvoir d'un cheval en rase campagne, à pied, sans le secours de quelqu'un, qui n'a jamais arrête un tigre et ne l'a pas reçu le poignard d'une main et le *poncho* de l'autre pour le lui mettre dans la gueule, en lui perçant le cœur et en l'étendant à ses pieds. » Et ce dédain se reflète sur son visage sérieux et altier. Il n'a que du dégoût pour nos habitudes, nos usages, nos vêtements, qui lui montrent partout la contrainte comme le signe des sociétés policées.

Fier de son indépendance et de sa supériorité brutale, l'habitant des campagnes argentine s'inquiète peu de la misère qui envahit sa cabane délabrée, du désordre qui y règne, de la saleté qui s'y étale, résultats inévitables de ses penchants oisifs ou de la fausse direction de son activité. Le mouvement de la civilisation cependant, a jeté là, sur les lieux mêmes, un vivant contraste à la pauvreté et à l'incurie nationales. Ce sont les colonies allemandes et écossaises établies au sud de Buenos-Ayres qui offrent ce contraste. M. Sarmiento en fait une description heureuse. « Là, dit-il, les maisonnettes sont peintes ; le devant de l'habitation est toujours propre, orné de fleurs et d'arbustes gracieux. L'ameublement est simple, mais complet ; la vaisselle de cuivre ou d'étain est toujours reluisante. Le lit est paré de rideaux, et les habitants sont dans un mouvement et une action continuels. En élevant des vaches en faisant du beurre et des fromages, quelques familles sont parvenues à faire des fortunes qui leur ont permis de se retirer à la ville pour y jouir des commodités de la vie. » Mais l'exemple est inutile : le bourg national est l'indigne revers de cette médaille. Ici des enfants sales et couverts de haillons vivent avec une meute de chiens. Les hommes s'étendent paresseusement sur le sol, lorsque la lutte ne les appelle pas. Partout se révèlent la malpropreté et l'indigence.

Les vestiges d'association : qui apparaissent, à défaut de tout autre lien moral, dans ces contrées peu étudiées, sont curieux à observer. Les gauchos ne se réunissent pas pour leurs intérêts, pour leurs affaires ; ils se retrouvent cependant sur un point désigné. Ils se rendent des alentours dans quelque taverne connue sous le nom de *pulperia* et, dans ce club sauvage, ils se donnent des nouvelles des animaux égarés de leurs troupeaux ; on apprend en quel lieu le tigre a été vu, où on a saisi la trace du lion. Des courses se préparent où on peut juger des meilleurs chevaux, et parfois cette *pulperia* devient un véritable cirque olympique. Là aussi se vident les querelles à l'aide du couteau, dont le gaucho se sert avec une habileté singulière ; le couteau ne le quitte pas plus que son cheval, c'est son arme d'honneur et son instrument unique dans toutes ses occupations. Il joue avec lui comme on jouerait aux dés, et, à la moindre provocation, souvent sans provocation, il le brandit dans l'air et est prêt à se mesurer, fût-ce avec un inconnu. Son but n'est pas de tuer son adversaire, mais de le *marquer* d'une entaille dans le visage, de lui laisser un signe indélébile de son adresse. Il n'est pas rare de voir des gauchos dont la figure est couverte de cicatrices, peu profondes d'ailleurs. Ordinairement la dispute s'engage pour la gloire de vaincre, par amour de la renommée. Un grand cercle, dit M. Sarmiento, se forme autour des combattants, et les yeux suivent avec passion et avidité le scintillement des couteaux sans cesse agités. Lorsque le sang coule en abondance, les spectateurs se croient obligés en conscience à clore la lutte. Arrive-t-il un malheur, le meurtrier a toutes les sympathies, et on lui donne le meilleur cheval pour se sauver dans des parages lointains, où il est accueilli par la compassion et une sorte de respect. Si une ombre de justice lente de le poursuivre, il lui tient tête, et souvent la réduit à laisser continuer son chemin. Rosas, pendant son séjour dans la pampa, avait fait de son *estancia* un asile pour ces lutteurs malheureux ; mais, en sa qualité de gaucho propriétaire, il bornait là sa protection : il n'accueillait que les assassins et point les voleurs.

Le seul mot évidemment capable de définir l'autorité possible dans ces contrées, — quelque nom qu'elle prenne, celui de *juge* ou de *commandant des campagnes*, — c'est la force brutale Le juge ne se fait pas reconnaître par son caractère, par son équité ; il se fait respecter par la terreur qu'inspire son nom. Avant tout, il a besoin de courage : il faut qu'il subjugue la barbarie par son audace C'est d'ordinaire quelque gaucho fameux ramène à une vie plus réglée. Il n'applique point de lois, il juge d'après sa conscience ou ses passions. Il rend la sentence et invente à son gré le châtiment. Rien ne vient diriger et régler son action, qui n'a d'autres bornes que sa volonté. L'exercice de ce pouvoir entier et arbitraire appartient encore plus au *commandant de campagne*, personnage plus élevé que le juge. C'est le gouvernement des cités qui est censé le nommer, mais cette suzeraineté n'est qu'une illusion. Il est accepté plutôt que désigné, accepté en raison de l'empire qu'il a su prendre sur les campagnes et des craintes perpétuelles qu'ont les villes de cette puissance en réalité indépendante et hostile C'est dans les *pulperias* surtout que grandissent ces renommées, c'est là que ces chefs redoutables commencent d'asseoir leur influence, en brillant dans les exercices du corps, en domptant un cheval mieux que tout autre, en poussant au dernier degré de l'art l'escrime du couteau, en frappant, en un mot, l'esprit des gauchos assemblés par la supériorité de la force et de la souplesse. Les mêmes traits de domination absolue se retrouvent dans tout la hiérarchie du pouvoir Le *capataz*, qui conduit à travers les pampas son convoi de charrettes, comme le chef des caravanes asiatiques, a, dans sa sphère, un droit semblable à celui des autorités plus hautes. Au moindre signal d'insubordination dans son escorte, le *capataz* frappe l'insolent de sa dure cravache. Si la résistance se prolonge, il saute à bas de son cheval, le coutelas à la main, et revendique promptement son droit d'une façon sanglante. Ces assassinats sont des exécutions dont personne ne conteste la légitimité. La répression, à vrai dire est aussi légitime que la révolte : c'est un fait brutal.

Le caractère argentin s'entretient ainsi dans sa démoralisation s'énerve dans des luttes ou des passe-temps barbares. A un certain point de vue, toutefois, on ne peut nier l'étrange grandeur, la profondeur mystérieuse que lui impriment les accidents physiques qui l'environnent et l'assiègent de toutes parts. L'incertitude de sa vie dans des lieux qu'il dispute aux bêtes sauvages donne au gaucho une résignation stoïque, une indifférence superbe pour la mort

Charles de Mazade

violente qui se transforme aisément en bouillant courage dès qu'on lui offre un but à atteindre. Le simple spectacle de la nature n'est pas moins puissant sur lui. S'il s'arrête un instant et se recueille dans le désert, en présence de l'immensité qui se déroule, quelles impressions devront lui rester ? « Il jette les yeux autour de lui et ne distingue rien qui borne sa vue ; plus il enfonce le regard dans cet horizon incertain, vaporeux, indéfini, plus il le voit s'éloigner, plus il en est fasciné, confondu, plus il se laisse aller à la contemplation et au doute. Où finit ce monde qu'il veut en vain pénétrer ? il l'ignore. Qu'y a-t-il au-delà de ce qu'il voit ? la solitude, le danger, la mort ! L'homme qui se meut au milieu de ces scènes se sent assailli de craintes et d'incertitudes fantastiques, de songes qui le préoccupent, bien qu'éveillé... » Suivons encore, avec M. Sarmiento, le campagnard argentin dans une de ces circonstances qui rendent la vie du désert si grandiose. La tranquillité même de la solitude est faite pour l'agiter et laisser dans son esprit des impressions ineffaçables. Que sera-ce des bouleversements de la nature, qui ont aussi leur caractère particulier ? Rien, en effet, en Amérique, ne se produit dans des proportions communes, ni le calme ni la tempête. Comment le gaucho, dont l'organisation s'ébranle au moindre souffle, demeurerait-il insensible, « lorsque dans une soirée paisible et sereine une nuée épouvantable s'amoncelle sans qu'il sache d'où elle vient, embrasse en un instant le ciel, et que tout à coup le bruit du tonnerre annonce la tourmente, donnant froid au voyageur qui retient son haleine de peur d'attirer sur sa tête un des mille éclats de la foudre qui tombe autour de lui ? Il voit l'obscurité succéder à la lumière ; la mort est partout ; un pouvoir terrible, invincible, le fait subitement rentrer en lui-même et lui fait sentir son néant au milieu de cette nature irritée... Ce sont tour à tour des masses de ténèbres qui obscurcissent le jour, et des masses d'une lueur livide, tremblante, qui illumine en un moment les ténèbres et laisse voir à des distances infinies la pampa sillonnée par la foudre rapide... Ce sont là des images qui ne sauraient s'effacer. Aussi, quand la tempête passe, le gaucho reste triste, pensif, sérieux, et la succession de la lumière et des ténèbres continue dans son imagination, de même que le disque du soleil, lorsque nous le regardons fixement, nous reste longtemps dans la rétine... Demandez-lui qui la foudre frappe de préférence, et il vous introduira dans un monde d'idées religieuses et morales mêlées de faits naturels mal compris, de traditions superstitieuses et grossières. » Il y a dans ces scènes naturelles un fonds de poésie que l'Argentin sent vivement, qu'il recueille avidement dans son imagination énergique et enthousiaste. M. Sarmiento remarque avec raison comme un trait saillant les dispositions poétiques que de tels spectacles développent chez lui. Sans doute il n'en résulte pas un art savant qui ait ses lois rigoureuses et ses préceptes fixes. La poésie de l'Argentin est libre et naïve comme celle de tous les peuples sans culture. Cette muse agreste a des chants qui reflètent avec ingénuité les mœurs nationales. L'instinct existe, et il est parfois la source de délicatesses qui tempèrent la rudesse des coutumes barbares Ainsi celui qui possède le don de la poésie, — fût-il atteint et convaincu de civilisation, — est honoré comme un être privilégié, marqué d'un signe divin. Dans une circonstance, un jeune et remarquable écrivain de Buenos-Ayres, l'auteur d'un poème sur la pampa, — la *Cautiva*, — s'était fixé pendant quelque temps à la campagne. La renommée de ses vers avait précédé M Echeverria, et les gauchos l'entouraient de respect et d'affection, si quelque nouveau venu donnait des marques de dédain, on lui disait tout bas « C'est un poète ! » et toute prévention hostile s'apaisait devant ce beau titre. Heureux et magnifique privilège de la poésie, de préoccuper la nature humaine dans toutes les conditions, d'être un besoin pour les populations barbares et pour les sociétés les plus polies, d'apparaître à celles-ci comme le résumé de ce qu'il y a de plus élevé et de plus pur dans l'intelligence, à celles-là comme un mystère sacré et vénérable entre le ciel et l'homme !

Ceci n'est que l'esquisse des mœurs générales de la pampa. En pénétrant plus avant, en s'arrêtant davantage, on peut voir naître de ces habitudes, de ces tendances du peuple argentin, des types originaux fortement accusés, auxquels il n'a manqué, pour nous devenir familiers, qu'un pinceau habile, une plume capable de leur donner cette seconde vie de la poésie plus durable que la vie réelle Voyez le portrait que M Sarmiento fait du *rastreador*, — l'homme qui suit à la trace. Tout gaucho est rastreador. Au milieu des vastes plaines où les chemins et les sentiers se croisent dans toutes les directions, où les troupeaux errent sans être parqués, il distinguera entre mille la piste d'un animal, ne l'eût-il point vu depuis un an ; il

Charles de Mazade

reconnaîtra à la trace d'un cheval s'il est libre ou prisonnier, s'il est chargé ou non chargé, il vous dira la date de son passage. Rien n'est plus commun que cette sagacité : ce sont les rudiments de cette science populaire, c'est-à-dire ce qui est à la portée de tous ; mais il y a en outre le *rastreador* de profession, chez lequel la puissance de l'organe de la vue est poussée jusqu'à la divination.

Le *rastreador* est un homme important dans le pays, sérieux et respecté, souvent même redouté, car un mot de lui peut sauver ou perdre le coupable qui se cache. Ses assertions font foi devant les tribunaux inférieurs, s'il est permis d'employer le mot tribunal. Lorsqu'un vol a été commis à la faveur de la nuit, le premier soin qu'on prend, c'est de chercher la trace du voleur ; si incertaine ; si faible qu'elle soit, on la recouvre jour que le vent n'achève pas de la faire disparaître, et le *rastreador* est appelé, il voit cette trace et la suit, ayant à peine besoin de la regarder de temps en temps, comme s'il voyait en relief ces vestiges, imperceptibles pour un autre œil ; il parcourt les chemins ou les rues, traverse des ruisseaux, des jardins, franchit les murs et arrive droit à la personne qu'il cherche. « Voilà l'homme » dit-il. Il n'en faut pas plus pour prouver le délit. Celui-là même qui est ainsi découvert ne cherche point à nier. Le *rastreador* est un témoin irrécusable, c'est comme le doigt de Dieu qui désigne la victime ; il est vrai aussi que ce témoignage est sûr et rarement empreint d'erreur ; Si le *rastreador* est excité par les obstacles, si sa réputation est engagée dans une recherche, si son amour-propre est remué, il parvient à d'étonnants résultats. C'est ce qui arriva à un de ces limiers célèbres du nom de Calibar, à Buenos-Ayres. Il avait été mis à la poursuite d'un condamné à mort qui s'était évadé. Ce malheureux chercha vainement à se sauver en profitant de tous les accidents du terrain, en traversant de longs espaces sur la pointe du pied, en se jetant dans un cours d'eau, en revenant sur ses pas. A chaque nouvelle difficulté, Calibar s'écriait : « Comment pourrais-tu m'échapper ? » Et il trouva le fugitif en effet. C'est une chasse avec toutes ses circonstances, faite non au moyen de l'odorat, mais de la vue, ce qui est plus étrange. Tel était l'effroi qu'inspirait Calibar, qu'en 1831 des prisonniers politiques n'avaient pas osé tenter une évasion avant d'avoir obtenu de lui qu'il serait malade pendant les premiers jours. Cet homme, dont la renommée est fabuleuse dans les provinces, après avoir exercé quarante ans ce métier, vit encore à Buenos-Ayres. Ne pouvant plus rien par lui-même, il cherche à inculquer sa science à ses enfants. C'est le Nestor de ces *chercheurs* à la vue profonde et sagace.

Le *baqueano* est aussi un des types saillants des mœurs argentines comme le *rastreador*, mais avec un autre caractère. Ce qui distingue le *baqueano*, c'est une connaissance exacte et minutieuse de tout le pays, des recoins les plus cachés de la plaine, de la forêt, de la montagne ; il connaît le terrain pied à pied ; il porte dans sa tête la seule carte géographique qui existe de ces régions solitaires. Si la route qu'il suit est traversée par un petit chemin, il sait où remonte le chemin, d'où il part, où il va. Les mille sentiers qu'il rencontre dans un espace de cent lieues lui sont également familiers. Il n'ignore aucun des gués secrets des fleuves ; s'il est dans un marais fangeux un seul endroit où l'on puisse passer sans périr, cet endroit ne lui est point inconnu. Lorsqu'un voyageur, égaré dans quelque partie de la Pampa où il n'y a point de voie battue, le prend pour guide et lui demande de le conduire vers un lieu éloigné, il s'arrête, semble sonder un instant l'horizon, considère le sol, fixe la vue sur un point, et se met à galoper avec la rectitude d'une flèche jusqu'à ce qu'il change de direction par des motifs qu'il ne dit pas, et, courant ainsi jour et nuit, il arrive au but désiré sans notable erreur. Le *baqueano* a d'ailleurs des moyens infaillibles de se reconnaître même dans l'obscurité de la nuit. Il s'approche des arbres et les observe ou bien il descend de cheval et examine quelques bruyères ; cela lui suffit pour qu'il reparte tranquille, sans se presser, insensible aux plaintes de ses compagnons. Dans les moments plus graves, il arrache des herbes sur divers points, il en flaire la racine, la mâche afin de s'assurer du voisinage de quelque lac d'eau salée ou d'eau douce, et alors il peut aisément se remettre dans son chemin. Le *baqueano* est un homme indispensable à un chef d'armée, à un général qui dirige une expédition, car seul il possède les renseignements nécessaires pour faire réussir ses desseins. Nonseulement il connaît tous les secrets du pays, mais il peut annoncer l'ennemi à dix lieues de distance, d'après le mouvement des daims, des autruches qui fuient. Quand l'ennemi se rapproche, il juge sa force à l'épaisseur de la poussière qu'il soulève, et va jusqu' à fixer le nombre des hommes qui s'avancent ; le chef se règle sur ses indications, presque toujours infaillibles. On trouve rarement un *ba-*

Charles de Mazade

queano infidèle. Tout est signe révélateur pour lui dans le désert : voit-il voltiger les condors et les corbeaux dans un coin du ciel, il saura donné ou simplement un animal mort, proie vulgaire de ces oiseaux avides. Cette science est l'affaire de la vie. Le général Rivera, de la Banda orientale, est le plus illustre des *baqueanos* ; il n'est peut-être pas un arbre dans la République de l'Uruguay qu'il ne connaisse. Contrebandier, car il l'a été avant d'être patriote, général, président, proscrit, il reste toujours *baqueano* au fond ; c'est cette science de la terre qui a fait sa fortune.

Certaines localités seulement, dit. M. Sarmiento, possèdent le *gaucho malo.* le *mauvais gaucho*, sorte d'*outlaw*, de proscrit farouche jeté, en dehors de son monde habituel, et qui va cacher sa demeure dans les broussailles épaisses de la pampa. Il lui est arrivé quelques malheurs, tels que de commettre des assassinats sans nombre, de s'échapper par un meurtre nouveau des mains de la justice, et celle-ci le poursuit depuis longtemps, mais sans résultat. Voyez-le se diriger vers le désert, sans hâte, sans forfanterie, dédaignant même de retourner la tête Il ne redoute pas les atteintes de ceux qui le pourchassent, il est le mieux monté de la pampa, et cela se conçoit, puisqu'il choisit sur tous les chevaux de la contrée, qu'il connaît mieux que Napoléon ne connaissait ses soldats, et dont il dispose comme s'il en était le propriétaire. C'est d'ailleurs la seule espèce de vol qu'il se permette : le vol du cheval constitue sa profession, mais cet audacieux fugitif qui attaque une ronde entière de justice ne veut pas passer pour un bandit, pour un brigand ordinaire : aussi se fait-il un point d'honneur de respecter les voyageurs, de ne point attenter à leurs jours ; il y a en lui beaucoup de traits du bandit espagnol retiré dans sierra, et toujours prêt à faire quelque irruption dans la société avec laquelle il a divorcé, sous le prétexte de quelque vengeance solennelle. Le *gaucho. malo* est moins abhorré que plaint ; son nom n'est pas prononcé sans respect ; ses prouesses sont partout répétées au désert ; sa gloire remplit la campagne. Parfois, ajoute l'auteur, il se présente à quelque réunion de *bons* gauchos avec une jeune fille enlevée par lui ; il se mêle à quelque danse, puis disparaît sans laisser de trace. Un autre jour, il va frapper à la porte de la famille offensée, fait descendre de son cheval la jeune fille qu'il a séduite, et, peu ému par les malédictions des parens qui l'accompagnent, il s'achemine tranquillement vers sa demeure sans limites. Le *gaucho malo* se plaît surtout à voyager dans la campagne de Cordova et de Santa-Fé ; on peut le voir quelquefois traverser la pampa, précédé d'une petite troupe de chevaux. Grave et réservé, s'il rencontre quelqu'un, il passe silencieux, à moins d'être interpellé. Ce proscrit vagabond a la misanthropie sceptique d'un héros de Byron ; c'est le Lara ou le Conrad du désert.

Il est une autre destinée exceptionnelle qui n'est pas moins curieuse ; c'est celle du *chanteur*, du barde argentin, qui ne diffère pas du barde de l'Europe au moyen-âge. Ce gaucho *troubadour* erre de canton en canton, sans résidence fixe, couchant là où la nuit le surprend ; il est l'hôte des fêtes, des réunions, et il mêle la poésie et la musique pour animer les danses, pour réjouir les festins. Chaque *pulperia* tient en réserve une guitare qui lui est destinée et dont il s'empare dès qu'il arrive ; les gauchos font cercle autour de lui, et il chante les héros de la pampa poursuivis par la justice, la déroute et la mort de quelque vaillant *gaucho malo*, la catastrophe de Quiroga ou ses propres aventures, ses amours mêlées de tragiques péripéties. Sa poésie est l'idéalisation de cette vie de révolte, de dangers, de barbarie. M. Sarmiento la caractérise en traits qui sont ceux de toute poésie populaire : « Plus narrative que sentimentale, dit-il, elle abonde en images tirées de la vie champêtre, de la vie du cheval, des scènes du désert, ce qui la rend métaphorique et pompeuse. Lorsqu'il raconte ses prouesses ou celles de quelque bandit renommé, il ressemble à l'improvisateur napolitain : il est désordonné, inégal, tantôt il s'élève a une véritable hauteur poétique ; tantôt il se perd en un récit insipide et vulgaire. Le *chanteur* possède son répertoire de poésies populaires, ses stances, ses huitains, ses dizains… Parmi ces compositions, il en est qui laissent voir une inspiration et un sentiment réels. » Il faut regretter que M. Sarmiento n'ait pas recueilli, s'il l'a pu quelques-uns de ces chants qu'il n'ait pas moissonné ces fleurs poétiques de la pampa pour nous en faire sentir de plus près le parfum sauvage.

Aucun des signes qui révèlent un système général et enraciné, un ordre de choses capable sinon de durée, du moins d'une résistance opiniâtre et terrible, ne manque, on le voit, à ce monde inculte et rustique. Il s'est arrangé pour vivre au sein d'une nature primitive sans essayer de la transformer, sans songer qu'il y eût autre chose

Charles de Mazade

à faire qu'à s'accoutumer à ses conditions, à triompher de son immensité par une certaine pénétration dans les organes, et à combattre à main armée les dangers qu'elle recèle. Il a son organisation, pour ainsi dire, dans la désorganisation tant les causes de son immobilité sont devenues normales, tant les mœurs sont puissantes et difficiles à remplacer. On ne saurait, sans s'exposer à une suite d'erreurs, mépriser ces détails familiers que donne M. Sarmiento. L'état des campagnes argentines tel que le peint l'auteur, tel qu'il existait en 1810, n'a point changé essentiellement, en effet. L'esprit est le même, les circonstances seules diffèrent, circonstances créées par l'insurrection de l'indépendance. Ces forces physiques si développées, ces dispositions belliqueuses qui se gaspillaient autrefois en coups de poignard, cette activité désœuvrée et inquiète, trouvent dès-lors un chemin tout frayé pour se montrer au jour. C'est cet élément aveugle, mais plein de vie, d'instincts hostiles à la civilisation européenne et à toute organisation régulière, ennemi de la monarchie comme de la république parce que toutes les deux venaient de la cité et traînaient après elles les exigences de l'ordre, la sujétion à l'autorité, que la révolution de 1810 vient affranchir, arracher à son obscurité pour le jeter sur un théâtre où il prend bientôt un caractère audacieux et agressif. Le mouvement de la vie publique pénétré dans la *pulperia*, et de là naîtront ces associations guerrières, ces *montoneras* provinciales, armées des campagnes, rivales des armées disciplinées, et qui épuiseront celles-ci dans des rencontres partielles, par des surprises, autant qu'en leur imposant d'insupportables fatigues. Des chefs s'élèveront dans la pampa, qui, selon les événements, feront plier les villes devant leur pouvoir brutal ; tel, est le sort de Santa-Fé devant Lopez, de Cordova devant Bustos, de Santiago del Estero devant Ibarra, de la Rioja devant Quiroga, jusqu'à ce qu'un autre commandant de campagne, Rosa, vienne, selon l'expression de M. Sarmiento, planter le poignard du gaucho au cœur de l'élégante Buenos-Ayres. Le but n'est point autre sur tous les points. C'est la force, seule loi reconnue dans les campagnes, qui se substituera aux essais de société civile tentés par quelques esprits généreux ; l'ignorance grossière tuera dans les cités l'éducation naissante, l'oisiveté sauvage se révoltera contre l'industrie. La justice sommaire et violente de la pampa ira s'établir dans les villes mêmes et les livrera à quelque club sanguinaire, comme la *mazorca* de Buenos-Ayres. Ainsi la puissance qui tend à enlacer la jeune république à tous ses antécédents au désert. Chose intéressante à observer, que attitude de cette barbarie durant tout le cours de la révolution américaine ! D'abord elle fait alliance avec les villes noblement altérées d'indépendance et nourries des idées philosophiques du XVIIIe siècle, pour saper la domination séculaire de l'Espagne ; puis elle reste neutre dans la lutte, ou plutôt elle est également hostile à l'influence de la métropole et à la civilisation européenne, au nom de laquelle la révolution s'accomplit. C'est ainsi qu'on voit, dès cette première époque, un chef de gauchos, Artigas, se séparer avec ses bandes de l'armée argentine prête à combattre les troupes espagnoles ; mais la barbarie nationale n'était point encore assez sûre d'elle-même pour exclure ensemble ces deux influences et se mettre à leur place. Enfin, quand l'Espagne est vaincue, en présence des partis intérieurs qui se divisent dans le choix d'une forme de gouvernement, elle sent sa force une et compacte, elle s'agite, gagne du terrain, et s'avance comme une marée montante. L'esprit barbare fond sur toutes les institutions civiles ébauchées avec la fureur d'un vautour retenu d'abord prisonnier en face de sa proie et qui se voit libre tout à coup. Si quelque circonstance de cette grande lutte doit surprendre, c'est que les partis qui se disputaient le pouvoir dans les villes aient pu se faire un instant illusion sur l'utilité du secours qu'ils venaient demander à cette force sauvage, sans idées et sans principes ; elle n'avait aucune préférence pour le système fédéral, lorsqu'elle s'alliait aux fédéralistes contre les unitaires personnifiés dans M. Rivadavia ; elle n'était poussée par aucun sentiment de fidélité à une tradition religieuse, lorsqu'elle soutenait la catholique Cordova contre Buenos-Ayres, qui proclamait la liberté des cultes ; elle était simplement barbare. Ce qu'elle apercevait dans les idées d'unité, de centralisation, ou dans la tolérance religieuse, c'étaient des manifestations élevées de la civilisation indifférente au fond aux prétentions des partis qui régnaient dans les villes, elle ne s'associait à l'un d'eux que pour s'introduire dans leurs débats et arriver à les absorber, à confondre les deux pensées politiques dans une même défaite.

J'ai indiqué quelques-uns des hommes publics de cette invasion barbare. Rosas est celui qui frappe le plus au premier abord ; plus

Charles de Mazade

habile ou plus heureux que les autres chefs de la campagne argentine, il s'est fait livrer par eux le pouvoir suprême, puis il a su les annuler par la ruse ou par la violence ; il est resté seul en vue. Mais, avant lui, il y a un personnage qui résume avec une crudité plus caractéristique peut-être tous les instincts, les passions, les ardeurs brutales de la pampa : c'est Facundo Quiroga, bizarrement affublé du titre de général et d'excellence. Quiroga est le type du *gaucho malo*. Tel il apparaît dans sa vie privée jusqu'en 1820, comme dans sa vie publique depuis cette époque jusqu'à sa fin sinistre et inexpliquée. Sa nature est vraiment celle de ce pâtre rebelle et vagabond, souillé de meurtres, qui va nourrir au désert sa haine contre toute espèce de joug. Sa jeunesse se passe dans l'indiscipline Enrôlé successivement dans les *arribeños* (troupes de l'intérieur), et dans l'armée des Andes qui allait révolutionner le Chili, il déserte deux fois parce qu'il y a là une autorité qui lui pèse, un habit qui l'oppresse, une tactique qui règle ses pas, tandis, qu'il lui faut la vie à cheval, la vie d'émotions fortes, de dangers imprévus ; il faut l'air et l'espace à sa fougue sauvage et indomptable. Quiroga avait une organisation capable de tous les excès, de toutes les violences. La lutte était un besoin pour lui. « Non-seulement il aimait à se battre, dit une note recueillie par M. Sarmiento, mais encore il payait pour trouver un adversaire ; il se plaisait à insulter les plus habiles. Il avait une aversion invincible pour tous les hommes convenables, pour ce qu'on nomme en langage américain *la gente décente.* » La note ajoute qu'il ne croyait à rien, qu'il n'avait *jamais prié Dieu* ; la religion est aussi une dépendance. Le jeu était une de ses passions, et elle s'était développée de bonne heure en lui. Il lui est arrivé, durant la première période de sa vie, d'être envoyé au Chili pour mener des convois, et de tout perdre, même ses chevaux, avant son retour. D'autres fois, en reprenant son vagabondage après avoir gagné quelques piastres, il s'arrêtait dans une *pulperia* et jouait cette petite fortune avec la même frénésie qu'il mit plus tard à jouer les doublons d'or, fruits de ses rapines. Ce qui distingue toujours Facundo, c'est l'emportement avec lequel il se livre à tous ses penchants. Sa colère prenait quelquefois des proportions effrayantes ; sa voix s'enrouait, ses regards se changeaient en coups de poignard, et il ne s'arrêtait, pas même devant l'inoffensive faiblesse des femmes, des enfants ou des vieillards. Quiroga a tous les traits du *gaucho malo* ordinaire ; mais il a de plus que lui en même temps une persistance de volonté, un instinct de domination qui l'appellent à un plus grand rôle. Sans frein pour lui-même, il est tourmenté du besoin de commander aux autres ; il a une avidité singulière de pouvoir, de jouissances, et ne néglige rien pour acquérir le droit de tout faire. Sa supériorité, naturelle sur les hommes qui l'entourent, son aptitude à les dominer et à se mettre promptement au premier rang, se laissent voir dans toutes les situations, soit que, manœuvre encore sans gloire, à Mendoza, il se fasse le patron de ses compagnons de travail, et reçoive d'eux le surnom *d'el padre*, — le père, — soit que plus tard, devenu commandant de campagne, il réunisse autour de lui les bandes pastorales pour les ameuter contre les villes et s'élever par elles sur son pavois guerrier. Quiroga a plus que les habitudes vulgaires de la barbarie, il en a le génie. De là viennent sa puissance et sa réputation. Facundo était bien fait pour être le héros du désert. C'est l'idéal de la force brutale qui vient saisir l'esprit populaire. Les gauchos, dans leurs réunions de la pampa, l'admirent et le célèbrent ; le *chanteur* fait la chronique rimée de sa vie et de ses exploits ; il n'est pas jusqu'à l'extérieur de sa personne qui ne frappe et n'aide à la fascination : ses cheveux noirs et bouclés, en tombant sur son front et sur ses yeux lui formaient une sorte de couronne et donnaient à sa figure l'aspect d'une tête de Méduse.

L'imagination, publique poétise son héros à sa façon elle va chercher chacun de ses actes dans le mystère du passé et se plaît à le raconter. Voyez, au début, ce gaucho qui échappe à la justice après quelque meurtre : il s'enfuit précipitamment de San-Luis et s'enfonce dans la *travesia*, son harnais sur l'épaule, en attendant qu'il trouve un cheval ; mais à peine a-t-il fait quelques lieues dans le désert qu'il a à combattre un péril plus grand que la faim ou la soif. Il entend un rugissement lointain : c'est la voix aigu et prolongée du tigre, qui a la propriété, tout motif de crainte à part, d'imprimer aux nerfs un tressaillement involontaire, comme si la chair s'agitait d'elle-même à ce cri de mort. Chaque fois que ce rugissement se renouvelle, il devient plus distinct ; le tigre, enivré par l'odeur du sang humain, se rapproche sans perdre un instant la trace de sa victime, et le malheureux gaucho n'aperçoit pour tout moyen de salut qu'un caroubier assez éloigné. Facundo, — car ce gaucho, c'est lui, — marche droit à l'arbre qu'il a aperçu, et, malgré la faiblesse du tronc qui se plie sous son poids, il peut arriver, jusqu'à la cime où il cherche à se tapir dans le feuillage. M. Sarmiento n'a pas négligé la scène dramatique qui se passe alors. « Le tigre, dit-il, s'avançait à pas précipités en flairant le sol et poussant des rugissements plus fréquents à mesure que la trace était plus fraîche. Arrivé au point où le gaucho avait quitté le chemin pour se jeter à travers champs, le tigre passe outre et perd la piste ; furieux, il s'arrête, tourbillonne sur lui-même, lorsqu'enfin il aperçoit le harnais qu'il déchire d'un coup de griffe et dont il fait voler les lambeaux. Plus irrité encore de ce mécompte, il cherche de nouveau la piste, la retrouve, et, fixant en l'air ses regards, il découvre l'objet de ses poursuites à travers les rameaux du caroubier. Dès-lors le tigre cessa de rugir ; il s'avança en bondissant, tourna autour de l'arbre, en mesura la hauteur d'un regard allumé par la soif du sang, s'appuya plusieurs fois sur le tronc qu'il faisait osciller ; puis, voyant qu'il ne pouvait atteindre le gaucho, il s'étendit à terre, battant ses flancs avec sa queue, les yeux fixés sur sa proie, la gueule entr'ouverte et desséchée. Cela dura ainsi deux heures. La posture contrainte du gaucho, la fascination terrible qu'exerçait sur lui le regard sanguinaire du tigre, commençaient d'épuiser ses forces ; déjà il sentait s'approcher le moment où il ne pourrait plus résister à cette puissance d'attraction à laquelle il était soumis, lorsqu'un bruit vague de chevaux au galop lui rendit un peu d'espérance et de vigueur… En effet, c'étaient ses amis qui, après avoir reconnu la trace du tigre, accouraient à tout hasard pour chercher à le sauver, s'il était temps encore. » Un instant plus tard, l'animal était audacieusement pris dans les *lazos*, et Facundo, en se jetant sur lui le poignard à la main, pouvait se venger de sa cruelle agonie. Telle est l'une des scènes de la vie de Quiroga dont l'imagination populaire s'est emparée avidement. Peut-être y a-t-il quelque exagération dans les détails ; mais le fond est vrai et ne saurait passer pour une de ces fictions qu'on mêle au récit de la jeunesse des grands hommes. Quiroga a été nommé depuis *le tigre des plaines*, — *el tigre de los llanos* !

La même étrangeté sauvage se montre encore dans une circonstance plus décisive, dans l'acte par lequel cet orgueilleux bandit réussit à se faire amnistier, à obtenir l'oubli pour ses exploits de *gaucho rnalo* ; Facundo, qui, malgré sa hardiesse, ne trompait pas toujours la justice de la cité, avait été saisi et enfermé dans la

34

prison de San-Luis où se trouvaient alors (1818) des officiers espagnols pris au Chili par l'armée de San-Martin. Un jour, ces captifs,
lassés par les souffrances et les humiliations tentent une évasion,
et, pour s'assurer des complices, ils vont ouvrir les cachots des
coupables ordinaires. Quiroga accepte-t-il cette liberté qui lui est
offerte ? Non, il la refuse, comme s'il ne voulait rien devoir qu'à lui-
même. Tout à coup il secoue ces fers qu'on vient imprudemment
d'ôter de ses mains ; il se précipite avec une rage aveugle sur ses
libérateurs étonnés, fend le troupe des révoltés, laissant les morts
après lui, et comprime la sédition. Le criminel s'était fait bourreau.
Quiroga cédait peut-être à un besoin de lugubre vanterie, mais il se
faisait honneur de quatorze cadavres. Quelque singulier que cela
paraisse, c'est de cet acte que date sa réconciliation avec le gouvernement ; il semble désormais ennobli et lavé des tâches qui le
souillaient. Ce trait ne peint-il pas l'homme et la société ? Ces fers
brandis dans l'air par Quiroga et tournés contre quelques malheureux officiers espagnols sont restés dans la mémoire du peuple
des campagnes comme un signe de sa prédestination, comme un
énergique symbole. Lui-même il aimait à rappeler ces faits de son
existence agitée, mais il aimait aussi, en les racontant, à ne point
déchirer tout-à-fait le voile qui permet les hypothèses fabuleuses.
Il sentait le pouvoir du mystère sur les masses : ne l'a-t-on pas vu
plus d'une fois, dans le cours de sa carrière, subjuguer la population pastorale qui lui obéissait en s'attribuant des inspirations sur-
naturelles ? Le titre, *d'envoyé de Dieu* que lui décernaient quelques
prédicateurs fanatiques de Cordova, défendant l'inquisition contre
le mouvement des idées de Buenos-Ayres, flattait également sa va-
nité, favorisait ses desseins et son ascendant.

Maintenant, qu'un homme d'un caractère si rudement trempé,
doué de ces penchants irrésistibles, se produise sur une scène plus
vaste, dans une sphère où se débattent des intérêts publics, où
s'agitent des questions générales, il deviendra ce que Facundo a été
en réalité, le plus puissant instrument de guerre contre la civilisation. Il déterminera l'insurrection de la barbarie qui se groupera
autour de lui comme autour d'un chef attendu. Quiroga, rentrant
dans la Rioja revêtu du prestige de sa récente action de San-Luis,
couvert de cette gloire sanglante qui environne son nom, peut li-
brement asseoir son empire parmi les gauchos. C'est déjà un per-

sonnage public et dont l'appui est envié. La meilleure condition qui
pût servir à l'établissement de ce pouvoir indépendant et distinct,
objet de ses vœux, devait se trouver dans la faiblesse même de l'autorité régulière. Deux familles riches et antiques, les Davila et les
Ocampo, se disputaient traditionnellement la prééminence dans
la Rioja, se poursuivaient mutuellement de leurs inimitiés héréditaires, comme ces familles qui remplissaient de leurs querelles
l'Italie du moyen-âge, les Orsini et les Colonna, ou les Capulets et
les Montaigus. La loge maçonnique de Lantoro opéra un instant un
rapprochement qui pouvait devenir profitable à la ville et à la république ; elle unit dans une tendre alliance le Roméo et la Juliette
de l'Amérique. La politique de Buenos-Ayres, qui favorisa cette réconciliation, cette union d'une Davila et d'un Ocampo, avait un
autre but, celui de déposséder de leurs fief les deux maisons, et de
substituer à leur influence l'influence du gouvernement central ;
mais le gouverneur étranger envoyé dans la Rioja tomba bientôt, et
l'antagonisme n'en subsistait pas moins entre les deux familles. Ce
que n'avait pu faire la politique bienveillante de Buenos-Ayres, la
politique barbare le fit bien autrement. L'une de ces familles, dans
un triomphe passager, alla chercher un appui dans la *plaine* ; ce
fut un Ocampo qui tendit la main à Quiroga, grandit ce chef de
gauchos en le nommant *commandant de campagne*, ou, du moins
reconnut son pouvoir déjà réel et constaté ; et lui demanda son
secours ; il n'en fallait pas davantage. « C'est là un moment solennel
et critique dans l'histoire moderne de tous les peuples pasteurs de
la République Argentine, dit justement M Sarmiento ; il y a un
jour où, par la nécessité d'un appui extérieur, ou bien par la crainte
qu'inspire déjà un homme audacieux, on le choisit pour commandant de campagne. C'est le cheval des Grecs que les Troyens
s'empressent d'introduire dans la cité. » Les Ocampo et les Davila
disparaissent les uns après les autres dans de petites et sanglantes
révolutions, auxquelles viennent se mêler mille incidents inutiles à
rechercher, vainement dilatoires et qui ne font que rendre plus inévitable le, seul résultat digne d'intérêt, l'avènement plein et entier
de Quiroga. « Facundo, génie barbare, s'empare de son pays, ajoute
l'auteur, les traditions du gouvernement, s'effacent, les formes se
dégradent, les lois sont un jouet dans des mains ignorantes et,
au milieu de cette destruction impitoyable, on ne substitue rien,

on n'établit rien. L'inoccupation et l'incurie sont le bien suprême du gaucho. Si la Rioja avait eu des statues, comme elle avait des docteurs, ces statues auraient servi pour attacher les chevaux. » Le même mouvement s'accomplit avec une simultanéité remarquable dans les campagnes où dominent Lopez, Bustos, Ibarra ; le pouvoir de ceux-ci, bien qu'aussi étendu dans les limites où il s'exerce, bien que dirigé par les mêmes inspirations, conserve toutefois un caractère plus local. Ils ne sont pas sortis de leurs provinces, et n'ont pas songé donner un autre champ à leur ambition. Quiroga, au contraire, est un fugitif de tous les pays : originaire de la Rioja, il a été élevé à San-Juan, il vécu à Mendoza, il a erré dans les rues de Buenos-Ayres ; il connaît la république entière, et a laissé partout un peu de sa renommée. Goûtant un plaisir inoui à se voir revêtu d'une autorité sans bornes là même où s'est passée son enfance obscure et orageuse, il étend plus loin son regard. C'est ce qui lui assigne une place plus éminente, une importance plus générale et plus décisive, indépendamment de l'énergie plus vivace qu'il déploie ; c'est ce qui semblerait le destiner à devenir l'ame, le chef victorieux et définitif de la barbarie, s'il ne s'était trouvé un homme plus rusé, plus habile, moins dégradé aussi, et qui avait l'avantage d'être plus rapproché du siège du gouvernement central : c'est le commandant de la campagne de Buenos-Ayres.

Les années qui s'écoulent ne font que hâter la marche de ce drame saisissant, et rendre son développement plus net, plus impérieux. Telle est la force secrète de l'esprit pastoral personnifié en quelques chefs de gauchos, qu'il en vient à ne plus se contenter désormais de victoires partielles ; les commandants de la campagne, enivrés de leurs succès, déjà se concertent entre eux, et forment une ligue redoutable contre la politique, restée européenne, du pouvoir central qui réside à Buenos-Ayres. Ce n'est plus une ville qu'il faut conquérir, c'est tout un ensemble d'institutions naissantes et à peine ébauchées qu'il faut effacer du sol argentin par l'épée ou par le poignard. Le parti éclairé qui a dirigé jusque-là la révolution, qui s'est nourri de tous les principes d'humanité, de liberté, proclamés en Europe, se trouve, au moment où il cherche à constituer définitivement la république d'après ces pensées, face à face avec cet élément nouveau, trop méconnu peut-être par lui, trop flatté tour à tour ou trop dédaigné. C'est en 1825, sous la présidence de

Charles de Mazade

M. Rivadavia, qu'éclate la lutte entre ces deux tendances, que se produit cette crise laborieuse et d'une si triste issue. Le prétexte est le vote d'une constitution ; la vraie cause, on la peut découvrir dans l'état même de la société, américaine, dans cette insurrection des campagnes énergiquement décrite par M. Sarmiento, et en même temps dans la faiblesse des idées de civilisation encore trop récentes pour avoir pu jeter de profondes racines. La civilisation argentine alors n'est qu'à son aurore. Vue de loin, il est vrai, elle répand, dès cette époque, un éclat qui séduit l'Europe ; qui attire tous les regards. Les hommes qui représentent les idées de progrès politique travaillent avec une active et généreuse émulation à les acclimater, à les propager aux bords de la Plata. Depuis 1820 surtout, pendant les administrations de Rodriguez, de Las Heras, plus encore sous la présidence de l'homme éminent qui couronne cette ère brillante, M. Rivadavia, on peut distinguer les plus légitimes efforts pour renouveler la république. Tous les esprits sont occupés du soin d'établir des lois qui protègent la sécurité individuelle, qui garantissent la propriété, qui naturalisent dans ces contrées l'égalité civile, qui fixent les limites des divers pouvoirs. Des écoles publiques sont instituées sur tous les points où l'action du gouvernement peut atteindre, les journaux se multiplient, la tribune retentit des plus solennelles déclarations de droits, une banque nationale est créée pour développer le crédit, les fleuves sont ouverts au commerce étranger, des colonies sont appelées pour venir féconder le désert, l'appât du gain est offert à toutes les industries. On ne saurait imaginer plus d'idées excellentes, plus d'hommes de talent rassemblés pour transformer un pays. Il ne faut pas cependant se laisser tromper par cette apparence ; tout cela est encore dans l'imagination plutôt que dans la réalité ; c'est pour ainsi dire, la poésie de la civilisation qui absorbe et domine cette fraction glorieuse de la société argentine, aussi naïve dans ses illusions de perfectionnement régulier que peut l'être la barbarie dans un sens contraire.

M Rivadavia est la personnification de cet entraînement poétique ; auprès de lui ; les hommes rangés sous le même drapeau ne montrent pas moins d'ingénuité. Leurs doctrines, sans rapport avec les faits qui les entourent, se composent de tout ce qu'ont pensé les autres pays ; elles sont le reflet des théories de Bentham ou de Smith, des doctrines de Montesquieu et de Rousseau. La République Argentine, à cette époque, était saluée *grande* et capable de réaliser toutes les spéculations des penseurs de l'ancien monde. Rêves fugitifs d'un parti qui n'est plus, qui a succombé dans la lutte, et dont le nom seul reste encore dans le vocabulaire injurieux du gouvernement hostile de Buenos-Ayres ! M. Sarmiento a tracé de ce parti un portrait exact et attachant. « Les *unitaires* de 1825, dit-il, forment un type distinct qu'on peut reconnaître à la figure, aux manières, aux tons de la voix, aux idées ; entre cent Argentins réunis, il serait facile de dire : Voilà un *unitaire* ! L'unitaire marche droit, la tête haute, sans se détourner jamais, entendît-il s'écrouler un édifice auprès de lui ; il parle avec une certaine hauteur, il complète sa parole par un geste dédaigneux, dogmatique ; il a des idées fixes, invariables, et, à la veille d'une bataille, il s'occuperait encore de discuter un règlement ou d'établir une nouvelle formalité légale, parce que cette discussion pacifique est le culte extérieur qu'il rend à son idole, la constitution. Sa religion est l'avenir de la république, dont l'image vague et sublime, lui apparaissant dans la splendeur des gloires passées, l'empêche de voir le présent. Il est impossible de trouver une génération plus raisonneuse, plus entreprenante, et qui manque à un plus haut degré du sens pratique. Arrive-t-il la nouvelle d'une victoire de ses ennemis, le bruit en est-il public et officiel, les vaincus sont-ils déjà revenus dispersés, un unitaire ne croit pas à un tel triomphe, et il se fonde sur des raisons tellement concluantes ; qu'il fait douter de ce qu'on a vu. Il a une grande foi en la supériorité de sa cause, tant de constance et d'abnégation, que ni le temps, ni l'exil, ni la pauvreté, ne pourront refroidir son ardeur… »

Cette élévation morale doit faire absoudre le parti unitaire de beaucoup de fautes, de beaucoup d'erreurs, qui naissent de son incapacité pratique malheureusement trop certaine. Voilà l'état de choses encore assez factice qui a à se préserver de l'invasion des masses, voilà la génération d'hommes, plus brillante que politique, qui est fatalement mise en présence des chefs de la campagne, bien autrement puissants par la sympathie populaire qui les soutient Il faut le dire, en effet, M. Rivadavia, le héros jusque-là de la révolution argentine, a moins de force que Quiroga à la tête de ses gauchos que Rosas surtout dans la pampa du sud de Buenos-Ayres.

Charles de Mazade

Le jour où ces chefs redoutés ont assez fait sentir leur influence pour qu'on les consulte, pour qu'on les appelle à donner leur avis sur l'acte constitutif de la république, ce jour-la, dis-je, la *cité* est démantelée, elle peut dire adieu à sa prospérité, aux bienfaits de l'ordre civil, aux avantages d'un progrès pacifique. La chute du parti unitaire est inévitable, et M Rivadavia abdique, tandis que la dictature de Rosas se prépare au détriment des autres commandants de campagne Entre ces deux éléments principaux, c'est à peine si l'on doit compter sérieusement le parti fédéral, dont l'avènement momentané au pouvoir, dans la personne de M. Dorrego, ne fait que marquer la transition de la civilisation à la barbarie. Le parti fédéral essayait une œuvre impossible : la conciliation de ces deux tendances. Par malheur, ce fut un *unitaire* qui précipita le dénouement par un crime ; ce fut le général Lavalle, qui, au retour de la guerre du Brésil, entreprise pour l'indépendance de l'État Oriental, s'empara du gouverneur Dorrego et le fit instantanément fusiller. Or, la balle homicide qui venait ainsi frapper le parti fédéral n'atteignait pas moins le parti unitaire, pour lequel cet acte isolé de violence a été le sujet d'amers et continuels reproches.

La dictature de Rosas, qui est sortie vivante et armée de ce tragique conflit, qui s'est fait jour à travers des complications incidentes sans nombre, et a fini par s'imposer absolument à dater de 1833, n'apparaît pas, il est aisé de le remarquer, comme un accident vulgaire, comme une de ces victoires alternatives de partis vivant dans le même cercle d'idées et ne différant entre eux que par des nuances. C'est un fait logique et désastreux qui couronne un long effort ; c'est une révolution véritable et la plus triste de toutes, c'est la substitution au pouvoir de l'esprit sauvage à l'esprit de la civilisation. Les détails de cet avènement seraient dénués d'intérêt malgré leur caractère terrible ; ils ont la monotonie révoltante du meurtre érigé en principe, transformé en de gouvernement ; les caprices de la force brutale fatiguent, tant ils se reproduisent fidèlement. Mais il est une circonstance digne d'être observée parce qu'il est rare qu'elle ait été éclaircie et mise en un jour suffisant : c'est que la barbarie des campagnes, qu'on voit, après 1825, appuyer le parti fédéral et opposer ce drapeau à l'*unitarisme*, n'est point du tout fédéraliste elle-même. Ce mot de *confédération*, qui subsiste encore aujourd'hui, n'exprime rien de réel, n'indique aucunement le but où tendent les chefs de la pampa. Les provinces qui pourraient encore justifier ce terme, — telles que Corrientes, — sont en réalité plutôt indépendantes que confédérées. C'est l'unité qui est aussi le rêve des nouveaux maîtres de la république. Quiroga, à son sens, est un unitaire aussi résolu que M Bivadavia A quoi est-il occupé, en effet jusqu'à sa mort ? Embarrassé de lui-même, mécontent parce qu'il voit la première place lui échapper, mas fidèle à son origine ; il promène d'un pays à l'autre sa fureur jalouse, allant se faire battre par le général Paz à la Tablada, à Oncativo, puis se relevant à Chacon ; épouvantant Mendoza, Tucurman par sa férocité, par ses goûts de destruction, par ses instincts de rapacité ; il passe en quelque sorte le niveau sur toutes les villes de la région des Andes, et ne laisse debout d'autre pouvoir que sa fantaisie violente et cynique à Salt à Catamarca, dans la Rioja, à San-Juan, à San-Luis. Quiroga crée l'unité comme il la comprend, par la terreur et la dévastation ; il est le seul dominateur de ces contrées. Rosas, sur une échelle plus vaste, ne réalise-t-il pas la même pensée ? A peine arrivé, à être gouverneur de Buenos-Ayres, l'heureux gaucho s'efforce de concentrer en lui le pouvoir morcelé ; son premier soin est d'avoir l'œil fixé sur ses rivaux de la pampa, de les ramener sous son joug tant qu'il peut, et de les détruire brusquement lorsqu'il commence de redouter, leur voisinage. La mort de Quiroga est l'épisode le plus dramatique de cette usurpation progressive de Rosas. Facundo se trouvait a Buenos-Ayres lorsque parvint la nouvelle d'une dissidence violente survenue entre Salta et Tucuman. Nul plus que lui n'était propre à étouffer ces germes de guerre civile ; mais, comme depuis quelque temps il n'offrait plus qu'un douteux appui, comme il avait laissé éclater des répugnances qui révélaient une ambition secrète, il ne partit pas sans hésitation, sans de sombres pressentiments, — pressentiments qui s'accrurent encore lorsqu'il sut que des instructions l'avaient précédé à Cordova, où il devait passer. Le bruit d'un crime prémédité contre lui était déjà public et sur sa route les avertissements se succédaient. Quiroga se reposait un peu sur la terreur qu'inspirait son nom. Il eut bientôt rempli sa mission à Tucuman, et à son retour, non loin de Cordova, il fut assailli par une bande armée de gauchos. Il eût peut-être, par la parole, retrouvé sur eux son empire, si une balle ne l'eût frappé au front. Son assassin était un *gaucho malo* nommé Santos Perez, qui n'épargna pas même son cadavre et le perça du poignard à plusieurs reprises. La *galère* qui le portait était pleine des corps sans vie de ceux qui l'accompagnaient. Rosas a été accusé d'avoir secrètement ordonné ce crime, commis le 18 février 1835 ; il a été chaudement défendu aussi contre cette accusation. Ce qui est indubitable, c'est que rien ne pouvait mieux servir ses desseins et qu'il héritait de la puissance de Quiroga sur plusieurs provinces ; Ce qui n'est pas moins certain, c'est que le meurtrier, le gouverneur de Cordova, les témoins, les juges, ont péri successivement comme pour éviter qu'une indiscrète lumière pût éclairer quelque jour cette ténébreuse exécution. La mort de Lopez de Santa-Fé, deux ans plus tard, est entourée d'un égal mystère. Cullen, le successeur de ce dernier, est fusillé au moment où il entre sur le territoire de Buenos-Ayres. C'est ainsi que Rosas parvient à réunir sous son exclusive domination les diverses fractions de la République Argentine. Il règne désormais, il invente des mots inconnus dans le langage politique pour désigner les prérogatives qu'il s'attribue : c'est *la somme du pouvoir public*. M. Rivadavia rêvait l'unité dans la civilisation ; Rosas, gaucho presque couronné, l'établit dans la barbarie.

Qu'est-il résulté pour la République Argentine d'un tel concours de circonstances, d'un triomphe déjà si prolongé, de l'influence pastorale ? Un des plus certains, des plus palpables effets qu'on puisse constater, c'est la dépopulation de ces contrées, des villes surtout, depuis vingt ans. Buenos-Ayres a perdu peut-être la moitié de ses habitants ; Santa-Fé, située au confluent de deux rivières dont l'une est le Parana, sur un des points les plus favorisés, a à peine deux mille âmes ; San-Luis et la ville de la Rioja en comptent à peine quinze cents, nombre inférieur à celui qu'elles ont eu. Cette diminution des habitants n'est pas due seulement au feu destructeur des guerres civiles, aux proscriptions qui se reproduisent périodiquement, aux haines privées qui se satisfont par l'assassinat et échappent à toute punition ; il y a encore une autre cause qui tient à l'essence même du monde barbare, dont les mœurs paresseuses, oisives et violentes en même temps, exclusives et antipathiques au travail, sont de mauvaises conditions pour l'accroissement de la race humaine, et ne font au contraire que contribuer à son dépérissement. Fils de ces mœurs, comment Rosas songerait-il à les transformer ? Il est fatalement condamné par sa nature à repousser tout ce qui pourrait les atteindre, les modifier, — l'industrie, le commerce ; il est dans son caractère de gaucho, il entre dans ses vues de gouvernement d'interdire la navigation des fleuves. Ainsi, des provinces dont le sol serait facilement d'une fertilité miraculeuse restent misérablement stériles, s'appauvrissent encore plus chaque jour s'il est possible, faute de stimulants et de communications. N'est-ce pas le plus triste spectacle que celui de la misère croissante des hommes au milieu d'une nature féconde ? Et cependant les villes de ces provinces ont eu des moments brillants depuis la révolution de 1810. A Tucuman, à Mendoza, à Salta comme à Buenos-Ayres, il s'était produit jusqu'en 1825 un remarquable mouvement industriel et commercial ; le développement des moyens d'instruction n'était pas moindre ; il y avait aussi un assemblage d'hommes d'une rare distinction qui se signalaient au barreau, dans les congrès, dans le négoce. Ces commencements de prospérité ont disparu et n'ont laissé aucun vestige ; la terreur a anéanti ces germes et dispersé les hommes. Rosas n'a pas seulement poursuivi de son ressentiment implacable l'ancien parti unitaire : après avoir réduit la jeunesse argentine à former en sociétés secrètes pour entretenir dans l'ombre ses idées de civilisation, il l'a frappée à son tour, et l'a placée dans l'alternative de la mort ou de la fuite. Le génie de Rosas dans cette œuvre dévastatrice ne paraît pas contestable ; mais c'est un génie fatal. Le système que Quiroga avait appliqué à la Rioja, il l'applique avec préméditation à toute la république, jusqu'à ce que la barbarie qu'il représente ait jeté son fougueux venin, se soit elle-même épuisée et n'ait plus alors qu'à se retirer de la scène.

L'ensemble de ces phénomènes n'est pas sans conséquences générales pour toute l'Amérique du Sud. Sans doute la révolution dont la République Argentine est le théâtre offre une physionomie particulière, une succession de faits qui lui sont propres ; mais l'importance de cette révolution préoccupe et tient dans l'attente tous les autres pays comme un événement qui peut fixer le cours des destinées américaines. La République Argentine doit à la primitive extension de la vice-royauté dont Buenos-Ayres était la capitale le privilège d'avoir de nombreuses questions à débattre avec les portions qui ont brisé les liens de l'ancienne communauté et forment le Haut-Pérou, la Bolivie, le Paraguay, la Banda Orientale. Ce sont

Charles de Mazade

des frontières à marquer, de vieux intérêts à régler avec ces états, aujourd'hui indépendants ; à chaque occasion, elle fait revivre ces motifs de scission qui favorisent son esprit actuel d'envahissement ; elle revendique un droit d'influence au nom de la vieille suprématie de Buenos-Ayres ; elle a dans chaque république ses présidents préférés, c'est-à-dire ses créatures. Telle est la cause de la guerre allumée contre Montevideo, et il y a en réalité, dans ces menaces détournées, mais incessantes de conquête, une raison permanente de discorde. C'est, d'ailleurs, au sens intime de la révolution argentine qu'il faut s'attacher pour en mieux saisir la gravité à un point de vue général, pour découvrir comment Rosas a pu trouver des alliances avouées ou secrètes dans quelques gouvernements, dans les populations surtout des autres parties de l'Amérique méridionale, et nourrir, sans qu'il y ait rien d'étrange, des rêves de conquête. La dictature de Buenos-Ayres est la plus franche et la plus énergique expression de l'*américanisme*, c'est le triomphe d'un sentiment qui, à des degrés divers, agite tout le nouveau monde espagnol. Dans les autres républiques, ce ne sont pas, si l'on veut, les mêmes faits, les mêmes hommes ; mais c'est au fond la même lutte entre la barbarie et la civilisation. Partout il y a un parti qui s'appuie sur les masses populaires, et dont le premier instinct est la haine de l'étranger. Cela est vrai au Mexique, et c'est le seul point clair dans l'histoire de ses révolutions. A travers les distances, Nicaragua répond aux excitations de Rosas, qui ne se sert de la presse, que pour fomenter les répugnances nationales contre l'Europe. La *Gazette mercantile* de Buenos-Ayres a exposé dans toute leur netteté les théories exclusives de l'*américanisme*, et la politique du dictateur, en est l'application non équivoque. Que Rosas, en s'appuyant sur la barbarie nationale, arrive, suivant son dessein, à reconstituer l'antique vice-royauté, ce sera une victoire qui en préparera une autre. Vienne la réalisation de la pensée favorite d'un congrès général, et le nouveau continent se trouvera engagé fatalement dans une ligue contre l'ancien monde. Les blocus se renouvelleront sans doute, comme au Mexique, dans la Plata, à Saint-Jean de Nicaragua ; mais l'*américanisme* ne se fait-il pas honneur de ces attaques des pouvoirs européens ? Il s'en glorifie comme d'un hommage. Un de ses griefs contre le parti de la civilisation en Amérique, c'est la prédilection de celui-ci pour l'Europe, son alliance avec les gouvernements étrangers ; et, les réclamations de l'Europe devinssent-elles plus pressantes, plus impérieuses, il compte encore sur sa véritable patrie, le désert, où nos soldat iraient périr sans gloire, insensiblement attirés dans les solitudes et dévorés par la misère, par les fatigues, plus terribles que les batailles. Ainsi, les révolutions de l'Amérique du Sud n'ont pas atteint leur dernier période ; le drame de ses destinées nous réserve encore de nouveaux étonnements.

Au milieu de cette incomplète et pénible élaboration sociale, on ne peut être surpris que le développement littéraire soit peu marqué, se produise surtout avec peu d'ensemble. Ce n'est pas que tout ce qui peut exciter l'inspiration manque dans ces contrées : la nature a des secrets et des splendeurs qui semblent appeler la poésie. Le ciel et la terre s'unissent pour offrir une source inépuisable de nouvelles images ; c'est un pays neuf à décrire dans tout le luxe de la jeunesse. Certes, dans la vie américaine du sud, on a pu le voir, il y a des mœurs empreintes de couleurs particulières, des types qui n'ont rien à envier à *OEil-de-Faucon*, à *Bas-de-Cuir*, au *Traper*, à toutes ces figures sauvages dont Cooper, dans l'Amérique du Nord, a rassemblé les traits et auxquelles il a donné la vie idéale. Les passions qui agitent ce monde lointain ne sont pas les nôtres, ne relèvent pas des mêmes mobiles, et pourraient avoir une histoire à part ; mais qu'on songe que c'est là pour l'intelligence une société ennemie et oppresse. Européenne d'abord, comme tout ce qui est civilisation en Amérique, la littérature, au moment où elle aurait pu devenir plus nationale, a été surprise par l'invasion croissante de la barbarie : son développement a été suspendu, détourné ; il lui a manqué surtout et il lui manque encore un foyer. Le livre de M. Sarmiento est un des ouvrages exceptionnels de l'Amérique nouvelle où brille quelque originalité ; c'est une étude faite sur le vif, une analyse profonde, énergique, de tous les phénomènes de la société américaine particulièrement de la société argentine. L'éclat du style ne fait pas défaut à la vigueur de la pensée.

Au surplus, la littérature aura son jour, lorsque les problèmes débattus par M. Sarmiento auront trouvé leur solution ; jusque-là, c'est moins la valeur littéraire qu'il faut chercher dans *Civilisation et Barbarie* que les idées et les faits dont l'exposition donne à l'ouvrage un rare intérêt. M. Sarmiento met à nu bien des vices héréditaires, bien des causes de perturbation réunies, bien des pas-

Charles de Mazade

sions dissolvantes qui auraient pour effet de ramener l'Amérique à la vie sauvage. Quelque triste que soit le présent, le combat qui se livre aujourd'hui au-delà de l'Atlantique ne saurait être considéré toutefois que comme une de ces solennelles épreuves où se forme la virilité des peuples. Quoi qu'il en soit, c'est l'avènement d'un monde nouveau. La peinture que M. Sarmiento fait de l'*américanisme* dans sa manifestation la plus audacieuse a cela de bon qu'elle dévoile la véritable plaie de ces jeunes pays, le mal chronique contre lequel il faut lutter. L'*américanisme* représente l'oisiveté, l'indiscipline, la paresse, la puérilité sauvage, tous les penchants stationnaires, toutes les passions hostiles à la civilisation, l'ignorance, le dépérissement physique des races aussi bien que leur corruption morale. Ne suffit-il pas de montrer à l'œuvre cet instinct barbare qui usurpe le nom de sentiment national d'observer ses résultats naturels pour comprendre que l'avenir est ailleurs ? Cet avenir dépend de tout ce que l'*américanisme* repousse : du travail, qui seul peut féconder les germes de richesse si nombreux dans ces contrées vierges ; de l'industrie, du commerce, qui iront porter la vie et le bien-être là où végète une population rare et misérable ; des institutions civiles, qui, en réprimant les caprices de la force brutale, feront naître le respect du pouvoir. Ce sera la civilisation acclimatée en Amérique. Il y a un fait caractéristique et providentiel qui doit puissamment contribuer à ce résultat, c'est le mélange des intérêts et des races qui s'opère par l'immigration. Le sang se renouvelle, les habitudes de travail se propagent par cette intervention pacifique des populations étrangères, que l'espoir d'un sort meilleur attire vers ces bords. Les émigrants qui quittent l'Europe pour fuir la misère, ou parce qu'ils ne trouvent pas leur place dans nos sociétés encombrées, bien que la politique les traite parfois avec sévérité, n'en sont pas moins les instruments obscurs d'une grande œuvre. C'est en réalité ce mouvement de l'ancien monde vers le nouveau qui doit amener la transformation de l'Amérique du Sud. Les émigrations sont le lien qui unit les deux hémisphères ; .or, c'est ce lien que l'*américanisme* a en horreur, et qu'il romprait, s'il en avait le pouvoir.

Le développement de ce patriotisme aveugle et brutal, il faut le dire cependant, n'aura point été inutile. Il a fait sentir aux républiques du Sud leurs vrais besoins ; en laissant paraître l'incurie et l'inaptitude qui le caractérisent, on dirait que l'*américanisme* a rendu plus manifestes les ressources naturelles de ce sol vierge, et plus claire la nécessité de l'industrie des hommes. En intronisant la force brutale là où il a pu arriver au pouvoir, il a lentement fortifié, le goût des institutions politiques appelées à fonder la sécurité. En poussant jusqu'à la fureur la haine de étrangers, il a fait mieux sentir encore l'utilité de leur coopération. En réduisant les puissances européennes à employer les armes contre lui, il a mis en lumière un fait qui résume les relations des deux mondes : c'est que l'Europe est fatalement poussée à faire, la conquête matérielle de l'Amérique, si elle ne fait pacifiquement sa conquête morale. L'*américanisme* enfin a eu pour résultat de supprimer les querelles secondaires, d'effacer au-delà de l'Atlantique les démarcations subtiles des parts qui avaient pris l'initiative de la révolution ; le véritable débat est aujourd'hui entre la barbarie et la civilisation qu'une loi invincible attire vers ces terres nouvelles. L'issue définitive de la lutte pourrait-elle être incertaine ? La civilisation trouve encore son symbole dans ce vaisseau de Gama, qui vit se lever devant lui le géant Adamastor pour l'arrêter au passage, et n'en poursuivit pas moins son voyage glorieux.

ISBN : 978-1543009040

Charles de Mazade